AF361077

EDICT DV ROY,

POVR LA LEVEE DE

trente-deux fols fur chacune piece de toile que les Eftrangers enleueront ou feront enleuer des
Euefchez de fainct Brieuc, Lautriguier, fainct Paul de Leon, &
Cornoüaille en Bretagne : Auec
creation d'vn Receueur dudit
droict, dans lefdits Euefchez.

A PARIS,

Chez C. MOREL, Imprimeur ordinaire
du Roy, ruë S. Iacques, à la Fontaine.

M. DC XXVI.

Auec Priuilege de ſa Maieſté.

LOVIS par la grace de Dieu, Roy de France & de Nauarre, A tous pre-sens & à venir, Salut. Ayant esté deuëment informez des grands droicts & impositions qui se leuent par les Rois nos voisins & autres Princes estrangers à l'entrée de leurs Royaumes & pays, sur les marchandises & denrées qui leur sont menées par nos sujets, & particulie-rement sur ceux de nostre Prouince de Bretagne, tant pour les bleds, beurres, toiles, lards, cires, lingeries faictes, & autres semblables choses : comme aussi sur les marchandises qui sont tirées & enleuées de leursdits Royaumes & pays, par nosdits sujets

A ij

pour eſtre amenées en France, auſ-
quels ils font payer ordinairement:
Sçauoir, en Eſpagne dix pour cent:
En Holande, le neufieſme denier de
la valeur de toutes les marchandiſes
qui y ſont menées & qui en ſont enleuées, Et en Angleterre, vn ſol pour
liure, ſans que les Marchands eſtrangers deſdits pays payent aucun droiƈt
d'entrée ny de ſortie en noſtredite
Prouince de Bretagne pour les marchandiſes qu'ils y amenent & qu'ils
en enleuent. Et d'autant que cette e-
xemption de droiƈts d'entrée & de
ſortie eſt ſans exemple en tous les
Royaumes & Prouinces de l'Europe,
comme eſtant vn droiƈt Royal, &
que meſme ils ſe leuent & perçoi-
uent en toutes les Prouinces de noſtre Royaume, pays, terres & Sei-
gneuries de noſtre obeïſſançe, fors
en celle de Bretagne, & qu'il n'eſt

raiſonnable d'y voir leſdits eſtrangers iouïr & vſer en noſtre Royaume d'vn tel priuilege duquel nos ſujets ne iouïſſent pas dans leurs pays,
ce qui tourne au grand preiudice de
nos droicts, leſquels eſtans beaucoup
diminuez par les deſpenſes que nous
auons eſté & ſommes contrains de
faire iournellement en la neceſſité de
nos affaires, Nous ne pouuons plus
iuſtement ny plus raiſonnablement
en remplacer le fonds que par le
moyen de tels droicts , leſquels ne
portent aucune foule ny incõmodi-
té à noſdits ſujets, & ne peuuent don-
ner aucun empeſchement au trafic
& commerce y eſtabliſſant vn droict
fort petit & bien eſloigné de celuy
que leſdits eſtrangers leuent ſur noſdits ſujets & denrées qui ſont tran-
ſportées en leurs Eſtats, ou enleuées
d'iceux. SÇAVOIR faiſons, Qu'ayant

mis cet affaire en deliberation en noſtre Conſeil, auquel eſtoit la Roine
noſtre tres-honorée Dame & mere,
aucuns Princes de noſtre ſang, Officiers de noſtre Couronne & Sei-
gneurs Conſeillers en iceluy, Novs
auons de noſtre certaine ſcience, plei-
ne puiſſance & auctorité Royale, de-
claré & declarons par ces preſentes
ſignées de noſtre main, Voulons &
nous plaiſt, qu'à l'aduenir ſur toutes
ſortes de toiles que les Eſtrangers enleueront & feront enleuer des Eueſchez de ſainct Brieuc, Lautriguier,
S. Paul de Leon, & Cornoüaille en
noſtredite Prouince de Bretagne, il
ſoit prins & leué vn droict & deuoir
de tréte-deux ſols pour chacune piece deſdites toiles, contenant cent aunes, & au deſſus & deſſous à proportion, & pour l'execution de noſtredite preſente Declaration, & faire la

recepte dudit droiƌ. A v o n s par cefdites prefentes creé, erigé & efta- bly, creons, erigeons & eftabliffons en tiltre d'office formé dans lefdites Euefchez de fainƌ Brieuc, Lautri- guier, fainƌ Paul de Leon, & Cor- noüaille, vn Office de Receueur du- dit droiƌ de trente - deux fols, au- quel auons attribué & attribuons vn fol pour liure de tous & chacuns les deniers prouenans dudit droiƌ, du- quel office fera par nous pourueu de perfonne capable & fuffifante.

S i D o n n o n s en mandement à nos amez & feaux Confeillers, Les gens tenans nos Cour de Parlement, & Chambre des Comptes de Breta- gne & tous nos autres Iufticiers & Officiers qu'il appartiendra, que no- ftre prefente Declaration, creation & eftabliffement de l'office de Rece- ueur dudit droiƌ & deuoir de trente-

deux fols pour piece de toile de cent
aunes & au deſſus, & deſſous à proportion, ils facent lire, publier &
enregiſtrer, & le contenu en icelle
garder & obſeruer de point en point
ſelon ſa forme & teneur: faiſans ceſ-
ſer tous troubles & empeſchemens
au contraire, Nonobſtant oppoſi-
tions ou appellations quelſconques,
pour leſquelles ne voulons eſtre dif-
feré. Et afin que ce ſoit choſe ferme
& ſtable à touſiours, Nous auons faict
mettre noſtre ſeel à ceſdites preſentes, ſauf en autres choſes noſtre
droict, & l'autruy en toutes: Car tel
eſt noſtre plaiſir. Donné à Nantes au
mois de Iuillet, l'an de grace mil ſix
cens vingt-ſix: Et de noſtre regne le
dix-ſeptieſme.   Signé, LOVIS.
Et ſur le reply,   Par le Roy.
POTIER.   Et à coſté, VISA.
Et ſcellé ſur lacs de ſoye rouge
& verte

& verte du grand sceau de cire verte.
Et encor sur ledit reply est escrit:

Registrees, suiuant l'Arrest de la Cour de ce iour, aux charges portees par ledit Arrest. Faict en Parlement à Rennes, le trente-vniesme iour d'Aoust mil six cens vingt-six.
Signé, 	BOVRGONNIERE.

Leuës, publiees & registrees, Ce requerant le Procureur General du Roy, suiuant l'Arrest de ce iour. Faict en la Chambre des Comptes à Nantes le neufiesme Septembre, mil six cens vingt-six.
Signé, 	BOYLESVE.

OVIS par la grace de Dieu, Roy de France & de Nauarre, A nos amez & feaux Conseillers les gens tenans nostre

Cour de Parlement à Rennes, Salut.
Par noſtre Edict du mois de Iuillet
dernier, Nous auons pour les cauſes y
contenues, voulu & ordõné qu'à l'aduenir il ſoit pris & leué ſur toutes ſortes de toiles que les Eſtrangers enleueront & feront enleuer des Eueſchez de ſainct Brieuc, Lautriguier,
ſainct Paul de Leon, & Cornoüaille,
en noſtre Prouince de Bretagne, vn
droict de trente-deux ſols pour chacune piece de toile contenant cét aunes, & au deſſus & deſſous à proportion. Et pour la recepte dudit droict
creé & erigé en tiltre d'office formé
dans leſdites Eueſchez vn office de
Receueur auec attribution d'vn ſol
pour liure de tous les deniers prouenans dudit droict, lequel Edict vous
ayant eſté preſenté afin de verification d'iceluy, vous auez par voſtre
Arreſt du vingt-ſeptieſme du preſent

mois de Iuillet, ordonné auant proceder à ladite verification, qu'il feroit
communiqué aux gens des trois E-
ftats de noftredite Prouince à la premiere tenue d'iceux qui ne fera que
l'an prochain, en quoy faifant vous
rendez l'effect de noftredit Edict il-
lufoire, & nous priuez du prompt fe-
cours que nous nous en fommes pro-
mis en la prefente neceffité de nos
affaires. A CES CAVSES Nous vous
mandons, ordonnons, voulons &
nous plaift, que fans attendre de nous
autres Lettres que ces prefentes qui
vous feruiront de premiere, feconde
& finale Iuffion, vous ayez tous affaires ceffans & poftpofez, à proceder
à la verification & enregiftrement
pur & fimple dudit Edict, fans vous
arrefter à voftredit Arreft, caufes
motiues d'iceluy, & à toutes autres
remonftrances faictes ou à faire pour

B ij

ce regard , nonobſtant leſquelles nous voulons noſtredit Edict auoir lieu & eſtre executé de point en point ſelon ſa forme & teneur : Car tel eſt noſtre plaiſir. DONNE' à Fontenay le vingt-huictieſme iour d'Aouſt, l'an de grace mil ſix cens vingt-ſix : Et de noſtre regne le dix-ſeptieſme.

Signé,   LOVIS.

Et plus bas,   Par le Roy. POTIER.

Et ſeellé du grand ſceau de cire iaune ſur ſimple queuë.

Et au deſſous eſt eſcrit :

Regiſtrees, ſuiuant l'Arreſt de la Cour de ce iour , aux charges portees par ledit Arreſt. Faict en Parlement à Rennes le trente-vnieſme iour d'Aouſt , mil ſix cens vingt-ſix.

Signé,   BOVRGONNIERE.

EXTRAICT DES REGI-
STRES DE PARLEMENT.

*VEV par la Cour Cham-
bre assemblee, les Lettres
patentes du Roy en forme
de Iussion, donnees à Fon-
tenay, le vingt & huictiesme de ce mois,
signées Louis, & plus bas, Par le Roy,
Potier, & seellees du grand sceau de cire
iaune, Par lesquelles & pour les causes y
contenues, Sa Majesté mande à ladite
Cour tous affaires cessans & postposez,
proceder à la verification & enregistre-
ment de l'Edict du mois de Iuillet dernier,
touchant le deuoir de trente & deux sols
imposé sur chacune piece de toile contenant
cent aunes, & au dessus & au dessous à
proportion, que les estrangers enleueront
& feront enleuer des Eueschez de sainct
Brieuc, Lautriguier, sainct Paul de Leon,*

& Cornoüaille, & pour la recepte dudit
droiЯt creé & erigé en tiltre d'office formé dans lesdites Eueschez vn office de Receueur, auec attribution d'vn sol pour liure suiuant que plus amplement est contenu par lesdites Lettres. Ledit EdiЯt du
mois de Iuillet dernier, Arrest de la Cour
du vingt-septiesme de ce mois, par lequel
auant proceder à la verification dudit E-
diЯt, auroit esté ordonné qu'il seroit communiqué au Procureur Scindic des gens
des trois Estats de ce pays, & par luy
representé en leur prochaine assemblée,
pour eux ouis, & le tout rapporté en ladite Cour, estre ordonné ce qu'il appar-
tiendroit, Conclusions du Procureur General du Roy, & tout consideré : LA
COVR a du tres - exprés commande-
ment du Roy, Ordonné que ledit Edit &
Lettres de Iussion seront leuës & publiées
en l'Audiance d'icelle, & enregistrez au
Greffe de ladite Cour, & coppie d'iceux

enuoyez aux Sieges Presidiaux & Royaux de ce ressort, pour y estre pareillement leuz & publiez, à ce qu'aucun n'en ignore, à la charge que l'establissement & perception dudit deuoir sera reglé par ladite Cour sans diminution d'iceluy, & authorisé par sa Majesté: Et que les differens qui interuiendront touchant ledit deuoir seront iugez en premiere instance par les Iuges Royaux des lieux, & par appel en ladite Cour. Et que le Roy sera tres-humblement supplié de reuocquer la leuee dudit deuoir lors que la necessité des affaires requerant l'armement des vaisseaux de ceste Prouince cessera. Faict en Parlement à Rennes le trente & vniesme iour du mois d'Aoust, mil six cens vingt & six.

Signé,   **MONNERAYE.**

EXTRAICT DES RE-
GISTRES DE LA CHAMBRE
des Comptes de Bretagne.

EV par la Chambre les Lettres patentes du Roy en forme d'Edict , donnees à Nantes au mois de Iuillet dernier , signees Louis, & sur le reply, Par le Roy, Potier, & seellees sur lacs de soye en cire verte : Par lesquelles & pour les causes & considerations y contenues , ledit Seigneur Roy declare, veut & entend, qu'à l'aduenir il soit leué trente-deux sols pour chacune piece de toile contenante cent aunes , & au dessus & dessous à proportion , que les Estrangers enleueront & feront enleuer des Eueschez de sainct Brieuc, Lautriguier, sainct Paul de Leon, & Cornoüaille en ceste Prouince de

ce de Bretagne, & pour faire la recepte
dudit droict creé & erigé en tiltre d'office
formé dans lesdites Eueschez vn office de
Receueur dudit droict de trente-deux sols,
auec attribution d'vn sol pour liure de tous
& chacuns les deniers prouenans dudit
droict, auquel office sadite Majesté entend pouruoir de personne capable, ainsi
qu'il est plus amplement porté par lesdites Lettres. Conclusions du Procureur general du Roy, & tout consideré : LA
CHAMBRE, Seances assemblées, A
ordonné & ordonne que ledit Edict sera
registré, pour estre la leuee & perception
dudit deuoir faicte sur l'aune vsitee ausdites Eueschez, à la charge que ceux qui
seront pourueuz dudit office de Receueur
auant que s'immiscer en ladite recepte, seront tenus de presenter leurs lettres &
prester le serment en ladite Chambre, Que
les deniers qui prouiendront dudit deuoir
de trente-deux sols entreront actuellement

C

en la recepte generale de ce pays , en la-
quelle ils seront mis de quartier en quartier par ledit Receueur, qui en comptera
d'an en an en ladite Chambre , & que
les Commis dudit Receueur qui seront e-
stablis aux Tabliers necessaires pour la
perception dudit deuoir, feront serment deuant les Iuges Royaux des lieux, & pour
verification de leurs receptes auront des
Regiſtres, les feillets desquels seront par
chacun an chiffreƶ, milleſimeƶ & nom-
breƶ au dernier feillet , par les generaux
de la charge, ou par lesdits Iuges Royaux.
Lesquels regiſtres seront raporteƶ sur les
comptes dudit Receueur : Et que les Marchands marqueront sur chaque balle ou
fardeau la qualité des toilles, & quanti-
té d'aunes contenues esdites balles ou far-
deaux : Sur lesquelles marques se fera la
liquidation desdits deuoirs, sans que lesdits
Receueurs ou Commis puissent obliger les
Marchands deballer & auner si par les-

dits *Juges* ordinaires ſur les requeſtes deſdits *Receueurs* ou *Commis*, il n'eſt ordonné & executé en leur preſence & du Sub-
ſtitut du *Procureur General*. Enioignant
ladite *Chambre* auſdits *Marchands* de
faire leurſdites marques exactes & veri-
tables, ſur peine de confiſcation en cas de
fauſſe marque ou autre fraude. *Faict* en
la *Chambre des Comptes à Nantes*, le
neufieſme iour de *Septembre*, mil ſix cens
vingt-ſix.

Signé,　　　　　*BOYLESVE.*

LAVDE Cornulier Sei-
gneur de la *Touſche*, &
Yſaac de Leſcoüet, *Vicom-
te du Boſchet* Conſeillers du
Roy, Treſoriers de *France*,
& Generaux des Finances en *Bretagne*.
Veu les Lettres patentes de ſa Majeſté

expediees en forme d'Edict donnees à
Nantes au mois de Iuillet dernier, signees
Louis, & sur le reply, Par le Roy, Potier,
& seellees. Par lesquelles & pour les causes y contenues, sadite Majesté veut qu'à
l'aduenir sur toutes sortes de toiles que les
Estrangers enleueront & feront enleuer
des Eueschez de sainct Brieuc, Lautreguier, sainct Paul de Leon, & Cornoüaille en ceste Prouince de Bretagne, il soit
pris & leué vn droict & denoir de trente-
deux sols sur chacune piece desdites toiles
contenant cent aunes, & au dessus & dessous à proportion. Pour l'execution desquelles Lettres sadite Majesté a creé, erigé, &
estably en tiltre d'office formé dans lesdites Eueschez de sainct Brieuc, Lautriguier, sainct Paul de Leon, & Cornoüaille, vn office de Receueur, auquel sadite
Majesté a attribué vn sol pour liure de
tous & chacuns les deniers prouenans dudit droict, pour y estre pourueu de per-

sonne capable & suffisante, ainsi que plus
au long est contenu ausdites Lettres registrees en la Cour de Parlement de ce païs,
& verifiees en la Chambre des Comptes
d'iceluy, par Arrests des trente-uniesme
iour d'Aoust dernier, & neufiesme du pre-
sent mois. Desquelles entant qu'à nous est,
Consentons l'effect & enterinement selon
leur forme & teneur, & que ledit deuoir
de trente-deux sols sur chacune piece de
toile contenant cent aunes, & au dessus &
dessous à proportion, soit payé par les E-
strangers seulement qui enleueront & feront enleuer des toiles desdites Eueschez
de sainct Brieuc, Lautreguier, Leon &
Cornoüaille. A la charge que celuy qui
sera pourueu par sa Majesté de l'office de
Receueur dudit droict, baillera caution
par deuant Nous, & presentera estat
chacun an de la recepte des deniers en prouenans pour la seureté des droicts de sa-

dite Majeſté. Faict ſous l'vn des cachets
de nos armes, *A Nantes le dixieſme iour
de Septembre*, mil ſix cens vingt-ſix.

Signé,   CORNVLIER.

DE LESCOVET.

Collationné aux originaux par moy Conſeil-
ler, Notaire & Secretaire du Roy.